（宋）蘇轍 撰 傅增湘 校

傅增湘校本欒城集

第十二册

國家圖書館出版社

第十二册目録

蘇城定集後集卷第六

宋眉山蘇轍子由著　　明東吳王執禮子敬、顧天敘禮初仝校

孟子解二十四章　予少作此解，後失其本，近得之，故錄於此

名賢文粹宋刊本校

梁惠王問利國於孟子，孟子對曰：王何必曰利，亦有仁義而已矣。先王之所以爲其國，未有非利也。孟子則有爲言之耳，曰是不然。聖人躬行仁義而利存，非爲利也。惟不爲利，故利存。小人以爲不求則弗獲也，故求利則民爭，民爭則反以失之。孫卿子曰：君子兩得之者也，小人兩失之者也。此之謂也。

齊宣王問曰文王之囿方七十里有諸孟子對曰於傳有之周雖大國未有以七十里爲囿而不害於民者也意者山林藪澤與民共之而以囿名焉是以芻蕘雉兎者無不獲往不然七十里之囿文王之所不爲也

孟子曰以大事小者樂天者也以小事大者畏天者也樂天者保天下畏天者保其國小大之相形貴賤之相臨其命無不出於天者畏大者知其不可違不得已而從之樂天者非有所畏非不得已中心誠樂而爲之也堯禪舜舜禪禹湯事葛文王事昆夷皆樂天者也

齊景公作君臣相說之樂其詩曰畜君何尤孟子曰畜君者好君也君有逸德而能止之是謂畜君以臣畜君君之所尤也然其心則無罪非好其君不能也故曰責難於君謂之恭陳善閉邪謂之敬吾君不能謂之賊

孟子學於子思子思言聖人之道出於天下之所能行而孟子言天下之人皆可以行聖人之道子思言至誠無敵於天下而孟子言不動心與浩然之氣凡孟子之說皆所以兼通於子思而已故不動心與浩然之氣誠之異名也誠之為言心之所謂誠然也心以為誠然則其行之也安是故心不動而其氣浩然無屈於天下

以下宋本缺

此子思孟子之所以爲師弟子也子思舉其端而言之故曰誠孟子從其終而言之故謂之浩然之氣一章而三説具焉其一論養心以致浩然之氣其次論心之所以不動其三論君子之所以達於義達於義所以不動心也不動心所以致浩然之氣也三者相須而不可廢孟子曰我善養吾浩然之氣其爲氣也至大至剛以直養而無害則塞于天地之間是何氣也天下之人莫不有氣氣者心之發而已行道之人一朝之忿而鬬焉以忘其身是亦氣也方其鬬也不知其身之爲小也不知天地之大禍福之可畏也然而是氣之不養者也不養之氣橫行於中則無所不爲而不自知

於是有進而爲勇有退而爲怯其進而爲勇也非吾欲勇也不養之氣盛而莫禁也其退而爲怯也非吾欲怯也不養之氣衰而不敢也孔子曰人之少也血氣未定戒之在色及其壯也血氣方剛戒之在鬬及其老也血氣既衰戒之在得一人之身而氣三變之故孟子曰志一則動氣氣一則動志夫志意既修志盛奪氣則氣無能爲而惟志之從志意不修氣盛奪志則志無能爲而惟氣之聽故氣易致也而難在於養心孟子曰我四十不動心而告子先我不動心告子曰不得於言勿求於心不得於心勿求於氣不得於心勿求於氣可不得於言勿求於心不可何謂也告子以爲有

人於此不得之於其言勿復求其有此心不得之於其心勿復求其有此氣夫言之不然而心則然者有矣未有心不然而氣則然者也故曰不得於心勿求於氣可不得於言勿求於心不可由是言之氣者心之使也心所欲爲則其氣勃然而應之心所不欲而強爲之則其氣索然而不應人必先有是心也而後有是氣故君子養其義心以致其氣使氣與心相狎而不相離然後臨事而其氣不屈故曰志至焉氣次焉志之所至而氣從之之謂也昔之君子以其眇然之身而臨天下言未發而衆先喻功未見而志先信力不及而勢與之者以有是氣而已故曰志氣之帥也氣體之充

也養志以致氣盛氣以充體體充而物莫敢逆然後其氣塞于天地雖然心之所以不動者何也博學而識之強力而行之卒然而遇之有自失焉故心必有所守而後能不動心之所守不可多也多學而兼守之事至而有不應也是以落其枝葉損之又損以至於不可損也而後能應故孔子謂子貢曰賜也汝以予爲多學而識之者歟曰然非歟曰非也予一以貫之北宮黝之養勇也曰吾無辱於爾也孟施舍之養勇也曰吾無懼於爾也無辱勇矣而未見所以必勇也無懼而後能必勇故曰北宮黝之守氣不如孟施舍之守約北宮黝似子夏孟施舍似曾子曾子之所以自守者曰

自反而不縮雖褐寬博吾不惴焉自反而縮雖千萬人吾往矣夫縮入也入受也自反而心受之以爲可爲者無憾於吾心也則吾心囂然爲之而吾氣勃然應之矣孟子曰其爲氣也配義與道無是餒也行有不慊於心則餒矣夫餒不充之謂也有行於此而義不受則心不慊心不慊則氣不能充體氣不能充體之謂餒矣故心不能不動也而有待於義君子之所由達於義者何也勉强而行之則勞苦而失其眞放而不之求則終身而不獲孟子曰必有事焉而勿正心勿忘勿助長也夫君子之於道朝夕從事於其間待其自直而勿强正也中心勿忘待其自生而勿助長也而後獲

其真強之而求其正助之而望其長是非誠正而誠長也迫於外也子夏曰百工居肆以成其事君子學以致其道待其自至而不強是學道之要也

孟子曰我知言詖辭知其所蔽淫辭知其所陷邪辭知其所離遁辭知其所窮何謂也曰是諸子之病也孟子之於諸子非辯過之知其病而已病於寒者得火而喜以爲萬物莫火若也病於熱者得水而喜以爲萬物莫水若也一惑於水火以爲不可失矣誠得其病未有不覺而自泣也彼其爲是險詖之辭者必有以蔽之而不能自達也爲是淫放之辭者必有以陷之而不能自出也爲是

邪辟之辭者必有以附之而不能自解也苟能知之發其蔽平其陷解其離未有不服者也不服則遁遁必有所窮而執之此孟子之所以服諸子也

孟子曰仁者如射射者正己而後發發而不中反求諸己夫射之中否在的而所以中否在我善射者治其在我正立而審操之的雖在左右上下無不中者矣顏淵問仁孔子曰克己復禮爲仁一日克己復禮天下歸仁焉請問其目曰非禮勿視非禮勿聽非禮勿言非禮勿動夫居於人上而一爲非禮則害之及於物者衆矣誠必由禮雖不爲仁而仁不可勝用矣此仁者如射之謂也

龍子曰貢者較數歲之中以爲常樂歲粒米狼戾多取之而不爲虐則寡取之凶年糞其田而不足則必取盈焉故曰治地莫善於助莫不善於貢貢者夏后氏之法也而其不善如此何也曰何特貢也作法者必始於粗終於精篆之不若隸也簡策之不若紙也車之不若騎也席之不若牀也俎豆之不若盤盂也諸侯之不若郡縣也肉刑之不若徒流杖笞也古之不爲此非不智也勢未及也寢於泥塗者寘之於陸而安矣自陸而後有藁秸自藁秸而後有莞簟捨其不安而獲其所安足矣方其未有助也以貢爲善矣及其既助而後知貢之未善也法非聖人之所爲世之所安也聖

人者善因世而已今世之所安聖人何易焉此夏之所以貢也
陳仲子處於於陵齊人以爲廉孟子曰仲子所居之室伯夷之所
築歟抑亦盜跖之所築歟所食之粟伯夷之所樹歟抑亦盜跖之
所樹歟人安能待伯夷而後居而後食若是則孟子之責人也已
難曰否居於於陵而食其食非孟子之所謂不可而仲子之所謂
不可也仲子以兄之祿爲不義之祿而不食也以兄之室爲不義
之室而不居也天下無伯夷仲子之義爲不居且不食也天下不
可待伯夷而後居而後食然則非其居於於陵食於辟纑之果汚
也而不食於母避兄之室之不可繼也故曰以母則不食以妻則

食之以兄之室則不居以於陵則居之是尚爲能充其類也乎君子之行爲可充也爲可繼也然後行有類若仲子將何以繼之故曰禦人于國門之外而餽以道則不受以不義取之於民而餽以道則受於孔子以不義取之於民者猶禦也其受於孔子何也曰以其非禦也非禦而謂之禦充類至義之盡也君子充其類而極其義則仲子之兄猶盜也仲子之兄猶盜也則天下之人皆猶盜也以天下之人皆猶盜而無所答則誰與立乎天下故君子不受於盜而猶盜者有所不問而後可以立於世若仲子者蚓而後充其操也孔子曰鳥獸不可與同羣吾非斯人之徒與而誰與蓋謂

是也

學者皆學聖人學聖人者不如學道聖人之所是而吾是之其所非而吾非之是以貌從聖人也以貌從聖人名近而實非有不察焉故不如學道之必信孟子曰君子深造之以道欲其自得之也自得之則居之安居之安則資之深資之深則取之左右逢其原是以君子欲其自得之也

孟子曰天下之言性者則故而已矣所謂天下之言性者不知性者也不知性而言性是以言其故而已故非性也無所待之謂性有所因之謂故物起於外而性作以應之此豈所謂性哉性之所

有事也性之所有事之謂故方其無事也無可而無不可及其有事未有不就利而避害者也知就利而避害則性滅而故盛矣故曰故者以利爲本夫人之方無事也物未有以入之有性而無物故可以謂之人之性及其有事則物入之矣或利而誘之或害而止之而人失其性矣譬如水方其無事也物未有以參之有水而無物故可以謂之水之性及其有事則物之所參也或傾而下之或激而升之而水失其性矣故曰所惡於智者爲其鑿也如智者若禹之行水則無惡於智矣禹之行水也行其所無事也如智者亦行其所無事則智亦大矣水行於無事則平性行於無事則靜

方其靜也非天下之至明無以窺之及其旣動而見於外則天下之人能知之矣天之高也星辰之遠也吾將何以推之惟其有事於運行是以千歲之日可坐而致也此性故深淺之辨也

孟子嘗知性矣曰天下之言性者則故而已矣故者以利爲本知故之非性則孟子嘗知性矣然猶以故爲性何也孟子道性善曰無惻隱之心非人也無羞惡之心非人也無辭讓之心非人也無是非之心非人也惻隱之心仁之端也羞惡之心義之端也辭讓之心禮之端也是非之心智之端也人信有是四端矣然而有惻隱之心而已乎蓋亦有忍人之心矣有羞惡之心而已乎蓋亦有

無恥之心矣有辭讓之心而已乎蓋亦有爭奪之心矣有是非之心而已乎蓋亦有蔽惑之心矣忍人之心不仁之端也無恥之心不義之端也爭奪之心不禮之端也蔽惑之心不智之端也是八者未知其孰爲主也均出於性而已非性也性之所有事也今孟子則別之曰此四者性也彼四者非性也以告於人而欲其信之難矣夫性之於人也可得而知之不可得而言也遇物而後形應物而後動方其無物也性也及其有物則物之報也惟其與物相遇而物不能奪則行其所安而廢其所不安則謂之善與物相遇而物奪之則置其所可而從其所不可則謂之惡皆非性也性之

所有事也譬如水火能下者水也能上者亦水也能熟物者火也能焚物者亦火也天下之人好其能下而惡其能上利其能熟而害其能焚也而以能下能熟者謂之水火能上能焚者爲非水火也可乎夫是四者非水火也水火之所有事也奈何或以爲是或以爲非哉孔子曰性相近也習相遠也夫雖堯桀而均有是性是謂相近及其與物相遇而堯以爲善桀以爲惡是謂相遠習者性之所有事也自是而後相遠則善惡果非性也孔子曰上智與下愚不移故有性善有性不善以堯爲父而有丹朱以瞽瞍爲父而有舜以紂爲君而有微子啟王子比干安在其爲性相近也曰此

非性也故也天下之水未有不可飲者也然而或以爲清冷之淵或以爲塗泥今將指塗泥而告人曰雖是亦有可飲之實信矣今將指塗泥而告人曰吾將飲之可乎此上智下愚之不可移也非性也故也

孟子曰伯夷聖之清者也伊尹聖之任者也柳下惠聖之和者也孔子聖之時者也孔子之謂集大成集大成也者金聲而玉振之者也金聲也者始條理也玉振之也者終條理也始條理者智之事也終條理者聖之事也智譬則巧也聖譬則力也以巧諭智以力諭聖何也巧之所能有或不能力之所嘗至無不至也伯夷伊

尹柳下惠之行人之一方也而以終身焉故有不可得而兼至於孔子可以速而速可以久而久可以仕而仕可以處而處然後終身行之而不匱故曰由射於百步之外其至爾力也是可常也其中非爾力也是巧也是不可常也巧亦能爲一中矣然而時亦不中是不如力之必至也

語曰齊人歸女樂季桓子受之三日不朝孔子行孟子曰孔子從而祭膰肉不至不稅冕而行二者非相反也孔子之去魯爲女樂之故也去於膰肉之不至爲君也於其君之有大惡也孔子有不忍行焉於其君之無罪也孔子有不安行焉曰上以求免吾君下

以免我是以去於膰肉之不至曰是可以辭於天下也故曰乃孔子則欲以微罪行不欲爲苟去君子之所爲衆人固不識也

孟子曰君子不亮惡乎執必信之謂亮孔子曰君子貞而不亮要止於正而不必信而後無所執否則執一而廢百矣

孟子曰存其心養其性所以事天也夭壽不貳脩身以竢之所以立命也天者莫之使而自然者也命者莫之致而自至者也天畀我以是心而不能存付我以是性而不能養是天之所以受我者有所不事也壽則爲之夭則廢之夭壽非人所爲也而寘力焉是命有所未立也修身於此知夭壽之無可爲也而命立於彼矣

孟子曰莫非命者順受其正何謂也天之所以受我者盡於是矣君子修其在我以全其在天人與天不相害焉而得之是故謂之正忠信孝弟所以爲順也人道盡矣而有不幸以至於大故而後得爲命巖墻之下是必壓之道也桎梏之中是必困之道也必壓必困而我蹈之以受其禍是豈命哉吾所處者然也人之爲不善也皆有愧恥不安之心小人惟奮而行之君子惟從而已之孟子曰無爲其所不爲無欲其所不欲如斯而已矣

孟子曰舜爲天子皐陶爲士瞽瞍殺人皐陶則執之舜則竊負而逃於海濱吾以爲此野人之言非君子之論也舜之事親烝烝乂

提行

不格姦何至於殺人而負之以逃哉且天子之親有罪議之孰謂天子之父殺人而不免於死乎

孟子曰形色天性也惟聖人然後踐形形色者所強於外也中雖無有而猶知強之孟子以是爲天性也有人於此其進之銳也則天下以爲不速退矣是不然勉強而力行之則其進也必銳不勝而怠厭之則其退也必速曷不取而覆觀之於其不可已而已者無所不已於其所厚者薄無不薄也故曰仲子不義與之齊國而不受人皆信之是舍簞食豆羹之義也人莫大焉亡親戚君臣上下以其小者信其大者烏可哉亡親戚君臣上下而可是所謂不

可已而已者也能居於陵食於辟纑而不顧而不能矣不義不受

齊國是所謂進銳而退速者也

孟子曰不仁而得國者有之矣不仁而得天下者未之有也孟子之爲是言也則未見司馬懿楊堅也不仁而得天下也何損於仁而不得天下也何益於不仁得國之與得天下也何以爲異君子之所恃以勝不仁者上不愧乎天下不愧乎人而得失非吾之所知也

孟子曰人能充其無欲害人之心而仁不可勝用也人能充無穿窬之心而義不可勝用也無欲害人之心與無穿窬之心人皆有

之然苟將充之則未可以言而言可以言而不言猶未免乎穿窬

也此所謂造端乎夫婦而其至也察乎天地也歟

蘇文定公文後集卷第六　庚申八月朔日校宋本二十葉

欒城後集卷之七

宋眉山蘇轍子由著

明東吳王執禮子敬
顧天敘禮初仝校

蘇文定公文後集卷第七

歷代論一 并引

予少而力學。先君予師也。亡兄子瞻予師友也。父兄之學皆以古今成敗得失爲議論之要以爲士生於世治氣養心無惡於身推是以施之人不爲苟生也不幸不用猶當以其所知著之翰墨使人有聞焉予既壯而仕仕宦之餘未嘗廢書爲詩春秋集傳因古之遺文而得聖賢處身臨事之微意喟然太息知先儒昔有所未悟也其後復作古史所論益廣以爲略備矣元符庚辰蒙　恩歸自嶺南卜居潁川身世相忘俛仰六年洗然無所用心復自放圖史之間偶有所感時復論著然已老矣目眩於觀書手戰於執筆心煩於慮事其於平昔之文益以疎矣然心之所嗜不能自已輒有之於紙凡四十有五篇分五卷

堯舜

堯之世洚水爲害以意言之堯之爲國當日夜不忘水耳今考之於書觀其爲政先後命羲和正四時務農事其所先也末乃命鯀以治水鯀九年無成功乃命四岳舉賢以遜位四岳稱舜之德曰

父頑母嚚象傲克諧以孝烝烝乂不格姦堯以爲然而用之君臣皆無一言及於水者舜旣攝事黜鯀而用禹洚水以平天下以安堯舜之治其緩急先後於此可見矣使五教不明父子不親兄弟相賊雖無水患求一日之安不可得也使五教旣修父子相安兄弟相友水雖未除要必有能治之者昔孔子論政曰足食足兵民信之矣子貢曰必不得已而去於斯三者何先曰去兵曰必不得已而去於斯二者何先曰去食自古皆有死民無信不立古之聖人其憂深慮遠如此世之君子凡有志於治皆曰富國而強兵患國之不富而侵奪細民患兵之不強而陵虐隣國富強之利終不

可得而謂堯舜孔子爲不切事情於乎殆哉

三宗

黄帝堯舜壽皆百年享國皆數十年周公作無逸言商中宗享國七十五年高宗五十九年祖甲三十三年文王受命中身享國五十年自漢以來賢君在位之久皆不及此西漢文帝二十三年景帝十六年昭帝十二年東漢明帝十八年章帝十三年和帝十二年唐太宗二十三年此皆近世之明主然與無逸所謂不知稼穡之艱難不聞小人之勞惟耽樂之從或十年或七八年或五六年或四三年者無以大相過也至其享國長久如秦始皇帝漢武帝

梁武帝隋文帝唐玄宗皆以臨御久遠循致大亂或以失國或僅能免其身其故何也人君之富其倍於人者千萬也膳服之厚聲色之靡所以賊其躬者多矣朝夕於其間而無以御之至於夭死者勢也幸而壽考用物多而害民久矜已自聖輕蔑臣下至於失國宜矣古之賢君必志於學達性命之本而知道德之貴其視子女玉帛與糞土無異其所以自養乃與山林學道者比是以久於其位而無害也傳說之詔高宗曰王人求多聞時惟建事學于古訓乃有獲事不師古以克永世匪說攸聞惟學遜志務時敏厥脩乃來允懷於茲道積於厥躬惟斅學半念終始典於學厥德脩罔

覺監于先王成憲其永無愆嗚呼傳說其知此矣

周公論

言周公之所以治周者莫詳於周禮然以吾觀之秦漢諸儒以意損益之者衆矣非周公之完書也何以言之周之西都今之關中也其東都今之洛陽也二都居北山之陽南山之陰其地東西長南北短短長相補不過千里古今一也而周禮王畿之大四方相距千里如畫棊局近郊遠郊甸地稍地大都小都相距皆百里千里之方地實無所容之故其畿內遠近諸法類皆空言耳此周禮之不可信者一也書稱武王克商而反商政列爵惟五分土惟三

數孟子曰天子之制地方千里公侯百里伯七十里子男五十里
不能五十里不達於天子附於諸侯曰附庸鄭子產亦云古之言
封建者蓋若是而周禮諸公之地方五百里諸侯四百里諸伯三
百里諸子二百里諸男百里與古說異鄭氏知其不可而爲之說
曰商爵三等武王增以子男其地猶因商之故周公斥大九州始
皆益之如周官之法於是千乘之賦自一成十里而出車一乘千
乘而千成非公侯之國無以受之吾竊笑之武王封之周公大之
其勢必有所并有所并必有所徙一公之封而子男之國爲之徙
者十有六封數大國而天下盡擾此書生之論而有國者不爲也

余藏宋本存此半葉

傳有之曰方里而井十井爲乘故十里之邑而百乘百里之國而千乘千里之國而萬乘古之道也不然百乘之家爲方百里萬乘之國爲方數圻矣古無是也語曰千乘之國攝乎大國之間千乘雖古之大國而於衰周爲小然孔子猶曰安見方六七十如五六十而非邦也者然則雖衰周列國之強家猶有不及五十里者矣韓氏羊舌氏晉大夫也其家賦九縣長轂九百其餘四十縣遺守四千謂一縣而百乘則可謂一縣而百里則不可此周禮之不可信者二也王畿之內公邑爲井田鄉遂爲溝洫此二者一夫而受田百畞五口而一夫爲役百畞而稅之十一舉無異也然而井田

存半葉

開

自一井而上至於一同而方百里其所以通水之利者溝洫澮三溝洫之制至於萬夫方三十二里有半其所以通水之利者遂溝洫澮川五利害同而法制異爲地少而用力博此亦有國者之所不爲也楚蔿掩爲司馬町原防井衍沃蓋平川廣澤可以爲井者井之原阜堤防之間狹不可井則町之杜預以町爲小頃町皆因地以制廣狹多少之異井田溝洫蓋亦然耳非公邑必爲井田而鄉遂必爲溝洫此周禮之不可信者三也三者旣不可信則凡周禮之詭異遠於人情者皆不足信也古之聖人因事立法以便人者有矣未有立法以強人者也立法以強人此迂儒之所以亂天下也

五伯

五伯桓文爲盛然觀其用兵皆出於不得已桓公帥諸侯以伐楚次於陘而不進以待楚人之變楚使屈完如師桓公陳諸侯之師與之乘而觀之屈完見齊之盛懼而求盟諸侯之師成列而未試也桓公退舍召陵與之盟而去之夫豈不能一戰哉知戰之不必勝而戰勝之利不過服楚全師之功大於克敵故以不戰服楚而不吝也晉文公以諸侯遇楚於城濮楚人請戰文公思楚人之惠退而避之三舍軍吏皆諫咎犯曰我退而楚還我將何求若其不還君退臣犯曲在彼矣師退而楚不止遂以破楚而殺子玉使文

公退而子玉止則文公之服楚亦與齊桓等無戰勝之功矣故桓文之兵非不得已不戰此其所以全師保國無敵於諸侯者也至宋襄公國小德薄而康諸侯凌虐邾鄫之君爭鄭以怒楚兵敗身死之不暇雖竊伯者之名而實非也其後秦穆公東平晉亂西伐諸戎楚莊王克陳入鄭得而不取皆有　然穆公聽杞子之計違蹇叔而用孟明　師於殽雖悔過自誓列於周書而不能東征諸　終成伯業莊王使申舟聘齊命無假道於宋舟知必死而王不聽宋人殺之王聞其死投袂而起以兵伐宋圍之九月與之盟而去之雖號能服宋然君子以爲此不假道

以上缺

之師也齊靈公楚靈王之所爲王亦爲之而尚何以爲伯乎於乎此二君者皆賢君也兵一不義而幾至於狼狽不能與桓文齒而況其下者哉

管仲第五

先君嘗言管仲九合諸侯一匡天下以桓公伯孔子稱其仁而不能止五公子之亂使桓公死不得葬曰管仲蓋有以致此也哉管仲身有三歸桓公內嬖如夫人者六人而不以爲非此固適庶爭奪之禍所從起也然桓公之老也管仲與桓公爲身後之計知諸子之必爭乃屬世子於宋襄公夫父子之間至使他人與焉智者

蓋至此乎於乎三歸六嬖之害溺於淫欲而不能自克無已則人乎詩曰無競維人四方其訓之四方且猶順之而況於家人乎傳曰管仲病且死桓公問誰可使相者管仲曰知臣莫若君公曰易牙何如對曰殺子以適君非人情不可公曰開方何如曰倍親以適君非人情難近公曰豎刁何如曰自宮以適君非人情難親管仲死桓公不用其言卒近三子二年而禍作夫世未嘗無小人也有君子以閑之則小人不能奮其智語曰舜有天下選於衆舉皋陶不仁者遠矣湯有天下選於衆舉伊尹不仁者遠矣豈必人人而誅之管仲知小人之不可用而無以禦之何益於事內既不能

治身外復不能用人舉易世之憂而屬之宋襄公使禍既已成而
後宋人以干戈正之於乎殆哉昔先君之論云爾

知罃趙武第六

齊桓公存三亡國以屬諸侯其義多於晉文然桓公沒而齊亂其
後不能復伯文公子孫世爲盟主二百餘年與春秋相終始其故
何也雖襄公悼公之賢齊所無有然其所以保伯業而不失者則
有在也伯者之盛非能用兵以服諸侯之難而能不用兵以服諸
侯之爲難耳文公之後前有知罃後有趙武皆能不用兵以服諸
侯此晉之所以不失伯也悼公與楚爭鄭三合諸侯之師其勢足

以畢鄭而御楚晉之羣臣中行偃欒黶之徒欲一戰以服楚者衆矣惟知罃爲中軍將知用兵之難勝負之不可必三與楚遇皆遷延稽故不與之戰卒以敝楚而服鄭此則知罃不用兵之功也悼公死平公立平公非悼公比也然能屬政趙武武嘗與楚屈建合諸侯之大夫于宋以求弭兵趙武於此有仁人之心二焉方其未盟也屈建衷甲將以襲武武與叔向謀之叔向曰以信召人而以僭濟之人誰與之安能害我武從其言卒事而楚不敢動將盟晉楚爭先叔向又曰諸侯歸晉之德只非歸其尸盟也子務德無爭先武亦從而先之此二者非仁人不能何也人將衷甲以襲我我

亦衷甲以待之此勢之所必至也不幸不勝無可言者雖幸而勝晉楚之禍必自是始晉爲盟主常先諸侯矣晉未失諸侯而楚求先之若與之爭楚必不聽晉楚之禍亦必自是始然此二者皆人情之所不能忍也忍之近於弱不忍近於強而武能忍之晉楚不爭而諸侯賴之故吾以爲武有仁人之心二焉凡晉之所以不失諸侯而趙氏之所以卒興於晉者由此故也春秋書宋之盟實先晉而後楚孔子亦許之歟

漢高帝第七

高帝之入秦一戰於武關兵不血刃而至咸陽此天也非人也秦

之亡也諸侯並起爭先入關秦遣章邯出兵擊之秦雖無道而其兵方強諸侯雖銳而皆烏合之衆其不敵秦明矣然諸侯皆起於羣盜不習兵勢陵藉郡縣狃於亟勝不知秦之未可攻也於是章邯一出而殺周章破陳涉降魏咎斃田儋兵鋒所至如獵狐兎皆不勞而定後乃與項梁遇苦戰再三然後破之梁雖死而秦之銳鋒亦略盡矣然邯以爲楚地諸將不足復慮乃渡河北擊趙邯既北而秦國內空至是秦始可擊而高帝乘之此正兵法所謂避實而擊虛者蓋天命非人謀也項梁之死也楚懷王遣宋義項羽救趙羽願與沛公西入關懷王諸老將皆曰項羽爲人慓悍禍賊嘗

余藏本止此
存一葉

攻襄城襄城無噍類所過無不殘滅且楚數進取前陳王項梁皆敗不如更遣長者扶義而西告諭秦父兄秦父兄苦其主久矣誠得長者往無侵暴宜可下卒不許項羽而遣沛公沛公方入關而項羽已至河北與章邯相持邯雖欲還兵救秦勢不得矣懷王之遣沛公固當然非邯羽相持於河北沛公亦不能成功故曰此天命非人謀也

此下一葉湿紙本缺中格得校定　阮拂記

漢文帝第八

老子曰柔勝剛弱勝強漢文帝以柔御天下剛強者皆乘風而靡尉佗稱號南越帝復其墳墓召貴其兄弟佗去帝號俯伏稱臣匈奴桀敖陵駕中國帝屈體遺書厚以繒絮雖未能調伏然兵革之禍比武帝世十二三耳吳王濞包藏禍心稱病不朝帝賜之几杖濞無所發怒亂以不作使文帝尚在不出十年濞亦已老死則東南之亂無由起矣至景帝不能忍用鼂錯之計削諸侯地濞因之號名七國西向入關漢遣三十六將軍竭天下之力僅乃破之錯言諸侯強大削之亦反不削亦反削之則反疾而禍小不削則反

遲而禍大世皆以其言爲信吾以爲不然誠如文帝忍而不削濞必未反遷延數歲之後變故不一徐因其變而爲之備所以制之者固多術矣猛虎在山日食牛羊人不能堪荷戈而往刺之幸則虎斃不幸則人死其爲害亟矣鼂錯之計何以異此若能高其垣牆深其陷穽時伺而謹防之虎安能必爲害此則文帝之所以備吴也嗚呼爲天下慮患而使好名貪利小丈夫制之其不爲鼂錯者鮮矣

漢景帝

漢之賢君皆曰文景文帝寬仁大度有高帝之風景帝忌刻少恩無人君之量其實非文帝比也帝之爲太子也吳王濞世子來朝與帝博而爭道帝怒以博局提殺之濞之叛逆勢激於此張釋之文帝之名臣也以劾奏之恨斥死淮南鄧通文帝之倖臣也以吮癰之怨困迫至死鼂錯始與帝謀削諸侯帝違衆而用之及七國反袁盎一說譎而斬之東市曾不之卹周亞夫爲大將折吳楚之銳鋒不數月而平大難及其爲相守正不阿惡其悻悻不屈遂以無罪殺之梁王武母弟也驕而從之幾致其死臨江王榮太子也

以母失愛至使酷吏殺之其於君臣父子兄弟之際背理而傷道者二至於此原其所以能全身保國與文帝俱稱賢君者惟不敢其恭儉故耳春秋之法弑君稱君君無道也稱臣臣之罪也然陳侯平國蔡侯般皆以無道弑而弑皆稱臣以爲罪不及民故也如景帝之失道非一也而猶稱賢君豈非躬行恭儉罪不及民故耶此可以爲不恭儉者戒也

欒城後集卷七 終

蘇文定公文後集卷第七

此宋本早百存孟嘉丈許

此下有目錄四行，据連本文

□□漢武帝　漢昭帝　漢哀帝
漢光武上　漢光武下
隗囂　鄧禹　李固
陳蕃

欒城後集卷之八

（宋眉山蘇轍子由著）

蘇文定公文後集卷第八

明東吳王執禮子敬　顧天敘禮初　仝校

□歷代論二

□□□漢武帝第十

天下利害不難知也，士大夫心平而氣定，高不為名所眩，下不為利所怵者，類能知之。人主生於深宫，其聞天下事至鮮矣，知其一不達其二，見其利不覩其害，而好名貪利之臣探其情而逢其惡，則利害之實亂矣。漢武帝卽位三年，年未二十，聞越舉兵圍東甌東甌告急帝問太尉田蚡蚡曰越人相攻其常事耳又數反覆不足煩中國往救帝使嚴助難蚡曰特患力不能救德不能覆誠能何故棄之小國以窮困來告急天子不救尙何所愬帝詘蚡議而使助持節發會稽兵救之自是征南越伐朝鮮討西南夷兵革之禍加於四夷矣後二年匈奴請和親大行王恢請擊之御史大夫韓安國請許其和帝從安國議矣明年馬邑豪聶壹因恢言匈奴初和親親信邊可誘以利致之伏兵襲擊必破之道也帝使公卿議之安國恢往反議甚苦帝從恢議使聶壹賣馬邑城以誘單于單于覺之而去兵出無功自是匈奴犯邊終武帝無寧歲天下幾

至大亂此二者田蚡韓安國皆知其非而迫於利口不能自伸武帝志求功名不究利害之實而遽從之及其晚歲禍災並起外則黔首耗散內則骨肉相賊殺雖悔過自咎而事已不救矣然嚴助以交通淮南張湯論殺之王恢以不擊匈奴亦坐棄市二人皆罪不至死而不免大戮豈非首禍致罪天之所不赦故耶

漢昭帝第十一

周成王以管蔡之言疑周公及遭風雷之變發金縢之書而後釋然知其非也漢昭帝聞燕王之譖霍光懼不敢入帝召見光謂之曰燕王言將軍都郎道上稱蹕又擅調益幕府校尉二事屬爾燕

王何自知之且將軍欲爲非不待校尉左右聞者皆伏其明光由是獲安而燕王與上官皆敗故議者以爲昭帝之賢過於成王然成王享國四十餘年治致刑措及其將崩命召公畢公相康王臨死生之變其言琅然不亂昭帝享國十三年年甫及冠功未見於天下其不及成王者亦遠矣夭壽雖出於天然人事常參焉故吾以爲成王之壽考周公之功也昭帝之短折霍光之過也昔晉平公有蠱疾醫和視之曰是謂近女非鬼非食惑以喪志良臣將死天命不宥國之大臣受其寵祿而任其大節有菑禍興而無改焉必受其咎以此譏趙孟趙孟受之不辭而霍光何逃焉成王之幼

也周公爲師召公爲保左右前後皆賢臣也雖以中人之資而起
居飲食日與之接逮其壯且老也志氣定矣其能安富貴易生死
蓋無足怪者今昭帝所親信惟一霍光光雖忠信篤實而不學無
術其所與共國事者惟一張安世所與斷幾事者惟一田延年士
之通經術識義理者光不識也其後雖聞久陰不雨之言而貴夏
侯勝感蒯聵之事而賢雋不疑然終亦不任也使昭帝居深宮近
嬖倖雖天資明斷而無以養之朝夕害之者衆矣而安能及遠乎
人主不幸未嘗更事而履大位當得篤學深識之士日與之居示
之以邪正曉之以是非觀之以治亂使之久而安之知類通達強

立而不反然後聽其自用而無害此大臣之職也不然小人先之悅之以聲色犬馬縱之以馳騁田獵侈之以宮室器服志氣已亂然後入之以讒説變亂是非移易白黑紛然無所不至小足以害一身而大足以亂天下大臣雖欲有言不可及矣語曰君子學道則愛人小人學道則易使也故人必知道而後知愛身知愛身而後知愛人知愛人而後知保天下故吾論三宗享國長久皆學道之力至漢昭帝惜其有過人之明而莫能導之以學故重論之以為此霍光之過也

漢哀帝第十二

漢哀帝自諸侯爲天子方其在國好禮節儉知成帝優容舅家權奪於王氏及即位收攬威柄朝廷竦然庶幾於治旣而傅太后侵侮王后僭竊名號始失天下心帝復寵任倖臣董賢位至三公富擬帝室雖欲貶損王氏而身旣失德朝無名臣所以資之者多矣詩曰無競維人四方其訓之有覺德行四國順之二者帝皆失之其若王氏何方帝之崩也王太后召大司馬賢引見東廂問以喪事調度賢內憂不能對免冠謝太后曰新都侯莽前以大司馬奉送先帝大行曉習故事吾令莽助君賢頓首幸甚莽旣至使尚書劾免賢賢即日自殺王氏代漢之禍實成於此昔高帝寢疾有呂

氏之憂呂后問以後事帝曰陳平智有餘然難獨任王陵少戇可以助之周勃厚重少文然安劉氏必勃也可令爲太尉及產祿之變王陵爭之於前平勃定之於後皆如高帝所慮文帝末年有七國之憂戒太子曰卽有緩急周亞夫可任將兵及吳楚之變亞夫爲大將破之數月之間亦如文帝所慮今王氏之亂與呂氏七國等耳而哀帝無其人漢遂以亡非特天命蓋人謀也

漢光武上第十三

人主之德在於知人其病在於多才知人而善用之若已有焉雖至於堯舜可也多才而自用雖有賢者無所復施則亦僅自立耳

漢高帝謀事不如張良用兵不如韓信治國不如蕭何知此三人而用之不疑西破強秦東伏項羽曾莫與抗者及天下既平政事一出於何法令講若畫一民安其生天下遂以無事又繼之以曹參終之以平勃至文景之際中外晏然凡此皆高帝知人之餘功也東漢光武才備文武破尋邑取趙魏鞭笞羣盜筭無遺策計其武功若優於高帝然使當高帝之世與項羽爲敵必有不能辦者及既履大位懲王莽篡奪之禍雖置三公而不付以事專任尚書以督文書繩姦詐爲賢政事察察下不能欺一時稱治然而異已者斥非議者棄專以一身任天下其智之所不見力之所不舉者

多矣至於明帝任察愈甚故東漢之治寬厚樂易之風遠不及西漢賢士大夫立於其朝志不獲伸雖號稱治安皆其父子才志之所止君子不尚者也

漢光武下第十四

高帝舉天下後世之重屬之大臣大臣亦盡其心力以報之故呂氏之亂平勃得竄力焉誅產祿立文帝若反覆手之易當是時大臣權任之盛風流相接至申屠嘉猶召辱鄧通議斬鼂錯而文景不以爲忤則高帝之用人其重如此景武之後此風衰矣大臣用舍僅如僕隸武帝之老也將立少主知非大臣不可乃委任霍光

霍光之權在諸臣右故能翊昭建宣天下莫敢異議至於宣帝雖
明察有餘而性本忌克非張安世之謹畏陳萬年之順從鮮有能
容者惡楊惲蓋寬饒害趙廣漢韓延壽悍然無惻怛之意高才之
士側足而履其朝陵遲至於元成朝無重臣養成王氏之禍故莽
以斗筲之才濟之以欺罔而士無一人敢指其非者光武之興雖
文武之略足以鼓舞一世而不知用人之長以濟其所不足幸而
子孫皆賢權在人主故其害不見及和帝幼少竇后擅朝竇憲兄
弟恣横殺都鄉侯暢於朝事發請擊匈奴以自贖及其成功又欲
立北單于以樹恩固位袁安任隗皆以三公守義力爭而不能勝

幸而憲以逆謀敗蓋光武不任大臣之積其獘乃見於此其後漢日以衰及其誅閻顯立順帝功出於宦官黜淸河王殺李固事成於外戚大臣皆無所與及其末流梁冀之害重天下不能容復假宦官以去之宦官之害極天下不能堪至召外兵以除之外兵旣入而東漢之祚盡矣蓋光武不任大臣之禍勢極於此夫人君不能皆賢君有不能而屬之大臣朝廷之正也事出於正則其成多其敗少歷觀古今大臣任事而禍至於不測者必有故也今畏忌大臣而使他人得乘其隙不在外戚必在宦官外戚宦官更相屠滅至以外兵繼之嗚呼殆哉

隗囂第十五

智者爲國知所去就大義既定雖有得失不爲害也隗囂初據隴坻謙恭下士豪傑歸之刑政修舉兵甲富盛一時竊據之中有賢將之風矣然聖公乘王莽之敗擁衆入關君臣貪暴不改盜賊之舊敗亡之勢匹夫匹婦皆知之矣而囂舉大兵束手稱臣違方望之言陷諸父於死地僅以身免及光武自河北入洛政修民附賢士滿朝羣盜十去六七而囂懲既往之禍方擁兵自固爲六國之計謀臣去之義士笑之而囂與王元王捷一二人以死守之始從聖公而不吝終背光武而不悔去就之計無一得者至於殺身亡

國蓋不足怪也劉表專制荆州土廣民衆勢重於天下曹公與袁
紹相拒於官渡二人皆求助於表表方晏然自守一無所與韓嵩
說表曰兩雄相持天下之重在於將軍果欲有爲起乘其弊可也
如其不然則將擇所宜從豈可擁甲十萬坐觀成敗求援而不能
救見賢而不肯歸此兩怨必集於將軍恐不得中立矣表猶豫不
能用卒爲曹公所幷隗囂劉表雍容風議皆得長者之譽然其敗
也皆以去就不明失之不如張魯之庸敗亡之餘知所歸往猶能
保其後嗣兵法有之知彼知已百戰不殆知彼而不知已一勝一
負不知彼不知已每戰輒殆夫惟知彼知已而後知所去就哉

鄧禹第十六

鄧禹初以兵入關乘勝獨克關輔響應是時赤眉方入長安諸將豪桀皆勸禹徑乘其亂禹曰吾衆雖多能戰者少前無可仰之積後無轉饋之資赤眉新拔長安財富兵銳未易當也盜賊羣居無終日之計財穀雖多變故萬端非能堅守者也上郡北地安定三郡土廣人稀饒穀多畜吾且休兵北道就糧養士以觀其弊乃可圖也於是引兵北至栒邑光武聞之敕禹以時進討禹固執前意磐桓不進明年赤眉西走扶風禹乃入長安謁祠高廟收十一帝神主然卒不能定關中無功而歸蓋赤眉之亂光武欲急攻之禹

欲緩取之議者見禹之敗因以禹爲失計吾以爲不然赤眉方强急之實難緩之爲得逮其自敗而走扶風而禹乘之猶能還兵敗禹而况其未走也哉如光武之計蓋不知赤眉方强而禹兵力不足若審知如此聽禹堅守北道時出撓之而使别將挾持其東要異其攻赤眉異曰異與賊相遇且數十日雖屢獲雄將餘衆尚西蹙之磨以歲月而赤眉成擒矣禹之敗而西歸也與馮異相遇多可稍以恩信傾誘難卒用兵破也上今使諸將屯澠池要其東而異擊其西一舉取之此萬全計也禹又不從而敗由此觀之禹本計不失而帝不能用禹亦迫於君命不能自固耳

李固第十七

孔子謂顏子用之則行舍之則藏惟我與爾有是夫用而不行則何以利人舍而不藏則何以保身聖人之于天下理極于是而已陳靈公與其大夫孔寧儀行父宣淫于朝洩冶强諫以死春秋書之曰陳殺其大夫洩冶君雖無道而洩冶亦名以爲無益于事而害其身君子不爲也李固立于順桓之間內無愧于心外無負于人東漢名臣如固一二人耳然事有可恨者冲帝之亡也固欲立清河王蒜梁冀不從而立質帝質帝之亡也固復以清河爲請與胡廣趙戒同謀廣戒懼而中變固獨與杜喬爭之冀積怒憤發策

免固而立桓帝其後歲餘劉文劉鮪謀立清河與遂誣固與文鮪通謀殺之吾竊怪固爲三公再欲立蒜而不克與如豺狼疾之如仇讎獨一梁太后知其賢欲宥之而不能固雖貪立賢君存漢社稷勢必無成矣一舉不中奉身而去得免于禍斯已幸矣再更大變固守前議遲遲不去以陷于大戮則固之死僅自取也不然如固之賢吾何間然哉

陳蕃第十八

易曰君不密則失臣臣不密則失身幾事不密則害成是故鷙鳥
將擊必匿其形非以智御物而事不得不爾謀未發而使人知之
未有不敗者也陳蕃將與竇武共誅宦官蕃自謂外從人望內有
德於竇后事無不克乃先事露章曰臣聞言不直而行不正則為
欺乎天而負乎人危言極意則群凶側目禍不旋踵鈞此二者臣
寧得禍不忍欺天今道路讙譁言侯覽曹節公乘昕王甫鄭颯
等與趙夫人諸女尚書並亂天下若不急誅必生變亂傾覆社稷
願出臣章宣示左右令諸姦知臣疾之太后不從聞者莫不震恐

謀未及發曹節等矯詔殺之時蕃七十餘矣聞難將官屬門生八十餘人拔刃入承明門攘臂大呼適遇王甫甫收殺之嗚呼天之將亡漢邪蕃一朝老臣名重天下而猖狂寡慮乃與未嘗吏事者比幾乎暴虎馮河死而無悔者斯豈孔子所謂賢哉

蘇文定公後集卷第八

蘇文定公後集卷第九

口 歷代論三

此下有目錄三行

口口荀彧　賈詡上　賈詡下

劉玄德　孫仲謀　晉宣帝

晉武帝　羊祜　王衍

口口口荀彧第十九

荀文若之於曹公則高帝之子房也董昭建九錫之議文若不欲曹公心不能平以致其死君子惜之或以爲文若先識之未究或以爲文若欲終致節于漢氏二者皆非文若之心也文若始從曹公于東郡致其算略以摧滅羣雄固以帝王之業許之矣豈其晚節復疑而不予哉方是時中原略定中外之望屬于曹氏矣雖不加九錫天下不歸曹氏而將安往文若之意以爲劫而取之則我有力爭之嫌人懷不忍之志徐而俟之我則無嫌而人亦無憾要之必得而免爭奪之累此文若之本心也惜乎曹公志于速得不

[red annotations: 漢 beside 高帝; 於 beside 之; 郡 beside 東郡]

忍數年之頃以致文若之死九錫雖至而禪代之事至子乃遂此則曹公之陋而非文若之過也

賈詡上第二十

曹公入荆州，降劉琮，欲順江東下以取孫氏。賈詡言於公曰：公昔破袁氏，今收漢南，威名遠聞，兵勢盛矣。若因舊楚之饒，以饗吏士，撫安百姓，江東可以不勞衆而定也。公不用其計，以兵入吳境，遂敗於赤壁。夫詡之所以說曹公，則李左車之所以說淮陰侯，使乘破趙之勢，傳檄以下燕者也。方是時，孫氏之據江東已三世矣，國險而民附，賢才爲用，諸葛孔明以爲可與爲援而不可圖，而曹公以劉琮待之，欲一舉而下之，難哉。使公誠用詡言，端坐荆州，使辯士持尺書結好於吳，吳知公無幷吞之心，雖未即降，而其不以干戈相向者可必也方是時劉玄德方以窮客借兵於吳吳既修好於公其勢必不助劉而玄德因可蹙矣惜乎謀之不善荆州既不能守而孫劉皆奮孰謂曹公之智而不如淮陰侯哉其後公既降張魯下漢中劉曄勸公乘勝取蜀曰劉備人傑也有度而遲得蜀日淺蜀人未附也今舉漢中蜀人震駭因其震而壓之無不克也若少緩之諸葛亮善治國而爲相關羽張飛勇冠三軍而爲將蜀人既定憑險守要不可犯也公不從而反天下皆惜曄計之不用夫玄德之賢過於仲謀賈詡欲以文告懷仲謀而曄欲以虛聲下玄德其愚智蓋以遠矣彼曹公不用曄計豈非以詡言爲戒也哉

春秋之際楚子重伐鄭晉欒武子救之遇於繞角楚師還晉師遂侵蔡楚人以申息之師救蔡晉羣帥皆欲戰智莊子范文子韓獻子謂武子曰吾來救鄭楚師不戰吾遂至於此既遷戮矣戮而不已又怒楚師戰必不克雖克不令若不能克爲辱已甚不如還也遂全師而歸夫兵久於外狃於一勝而輕與敵遇我怠彼奮敗常十九古之習於兵者蓋知之矣

議

欒城後集卷之九

宋眉山蘇轍子由著

明東吳王執禮子敬 顧天敘禮初 仝校

歷代論三

賈詡下第二十一

用兵之難蓋有𠲿於外而動者矣力之所及而義不可君子不爲也義之所可而力不及君子不強也魏文帝始受漢禪欲用兵吳蜀以問賈詡詡曰吳蜀雖蕞爾小國依阻山水劉備有雄才諸葛亮善治國孫權識虛實陸遜見兵勢據險守要汎舟江湖皆難卒

謀也用兵之道先勝後戰量敵論將故舉無遺策臣竊料羣臣無權備對雖以天威臨之未見萬全之勢也帝不能用遂興陵江之役士卒多死是時帝始受禪欲以武功夸示四方貪得幸勝未暇慮兵敗勢屈之辱也魏多謀臣蓋必有知之者矣然皆莫敢言詡能言之可謂不怵於外矣晉末苻堅擁百萬之衆恥吴會之未服欲一舉下之而不知晉之無釁謝安乘苻堅之敗知中原之蕩析而不知江南之微弱勢必不能成大功故苻堅至於失國而謝安至於喪師二人者皆恥不若人怵於外之患也

劉立德 二十二

事因有當作而不可作者智者論其公私權其輕重而可否可決
也蜀先主之於關羽名雖君臣而義則父子也先主入蜀而羽攻
曹仁張於荆州吳乘其敝羽以敗死先主欲爲羽報讎義不可已
也然吳蜀之於魏國小而兵弱本以季漢居臣之分締交相親與
魏爲敵則報讎之義其公且重者在魏也釋魏而事羽之怨則爲
失所先後矣先主之在白帝也吳之君臣懼而乞和若以讎魏之
重俛而從之義無不可也先主念羽之厚拒而不許君臣之義則
至矣至於奮不慮患兵敗而繼之以死忘兩國之大計而徇一夫
之遺忿則未爲得矣諸葛孔明有言法孝直若在必能止君此行

二宜作三

雖行亦必不至於敗然則孔明亦自以伐吳爲失計矣哉

孫仲謀第二十二

任人莫難於託國漢武帝因文景富庶之後虐用其民厚自奉養征伐四夷幾喪天下逮其晚歲託國於霍光光知用兵之害罷均輸榷酤與民休息而天下復安凡武帝之所以得稱賢君者惟用霍光故也蜀先主知嗣子之暗弱舉國而付之諸葛孔明孔明又廢李嚴楊儀援蔣琬費禕而受之雖後主之不明而守國三十餘年君臣相安蜀人免於塗炭之患過於魏吳遠甚吳大帝方其屬任賢將抗衡中原曹公憚之及其老也賢臣死亡略盡諸葛恪

固踣之不暇帝王之勢盡矣獨其名在耳曹公假其名號以服天
智勇權略則同而所處則異漢自董卓之後內遭外畔獻帝奔走
世之說者曰司馬仲達之於魏則曹孟德之於漢也是不然一人

晉宣帝 第二十四

命而亦屬之斯人其勢必至是哉
資用進取之臣以徼一時之功可耳至於託六尺之孤寄千里之
因之三世絕篡吳越之民陷於炮烙之地國隨以亡哀以進取之
於外既歸而不能自克將復肆志於僚友皓既以惡其軀而孫氏
之勁悍虣衆而伺以發事恪乘其用兵勞民之後繼起大役近析

下擁而植之許昌建都邑征畔逆皆曹公也雖使終身奉獻帝率天下而朝之天下不歸漢而歸魏者十室而九矣曹公誠能安而俟之使天命自至雖文王三分天下有其二以事紂何以加之惜其爲義不終使獻帝不安於上義士憤怨於下雖苟安若猶不得其死此則曹公之過矣如司馬仲達則不然明帝之末曹氏之業固矣雖明帝以淫虐失衆曹爽以驕縱得罪而顛覆之形未見天下未畔魏也仲達因其隙而乘之拊其背而奪其成業事與曹公異矣漢武帝之老也託昭帝於霍光昭帝尙幼燕王蓋主有篡取之心上官桀桑羊助之此其禍急於曹爽霍光內襲燕蓋外誅桀

羊擁護昭帝訖無驕君之色及昭帝早喪國空無主迎立昌邑昌
邑不令又援立宣帝柄在其手者屢矣然退就臣位不以自疑中
外悉其本心亦無一人有異議者以仲達擬光孰爲得之邪然光
猶不足道蜀先主將亡召諸葛孔明而告之曰嗣子可輔輔之如
其不才君可自取復語後主汝與丞相從事事之如父後主之暗
弱孔明之賢智蜀人知之矣使孔明有異志一摇手而定矣然外
平徼外蠻夷内廢李平廖立旁禦魏吳功成業定又付之蔣琬費
禕奉一昏主三十餘年而無纖芥之隙此又霍光之所不能望也
蓋人患不誠苟誠忠孝舜之於父母伊尹之於太甲終無間然者

自仲達之後人臣受六尺之寄因而取之者多矣皆其地勢迫切置而不取則身必危國必亂至自比騎虎不可復下此亦自欺而已哉

晉武帝第二十五

立嫡以長不以賢立子以貴不以長古今之正義也然堯廢丹朱用舜而天下安帝乙廢微子立紂而商以亡古之人蓋有不得已而行之者矣得已而不已不得已而已之二者皆亂也子非朱紂而廢天下之正義君子不忍也子如朱紂而守天下之正義君子不為也漢高帝始謂惠帝仁弱欲廢之而立如意旣而知人心之

在太子也則寢廢立之議而用平勃平勃皆賢而權任均故惠帝雖沒產祿雖横而援立文帝漢室不病也武帝既老知燕王旦廣陵王胥之不可用也廢之而立少子任霍光金日磾上官桀桑羊以後事當是時昭帝之賢否未可知而四人枉直相半也幸而昭帝明哲霍光忠良桀羊雖欲爲亂而不遂其後復廢昌邑立宣帝而朝廷晏然無事蓋人君不幸而立幼主當如二帝屬任賢臣乃免於亂此必然之勢也魏明帝疾篤而無子棄遠宗子而立齊王始欲輔以曹宇曹肇而倖臣劉放孫資不便宇肇之正勸帝易以司馬仲達曹爽齊王既非天下之望而爽又以庸才與仲達姦雄

爲對數年之間遂成篡弒之禍晉武帝親見此敗矣惠帝之不肖羣臣舉知之而牽制不忍忌齊王攸之賢而恃愍懷之小惠以爲可以消未然之憂獨有一汝南王亮而不早用舉社稷之重而付之楊駿至於一敗塗地無足怪也帝之出齊王也王渾言於帝曰攸之於晉有姬旦之親若預聞朝政則腹心不貳之臣也國家之事若用后妃外親則有吕氏王氏之虞付之同姓至親又有吳楚七國之慮事任輕重所在未有不爲害者也惟當任正道求忠良不可事事曲設疑防慮方來之患也若以智猜物雖親見疑至於疏遠亦安能自保乎人懷危懼非爲安之理此最國家之深患也

此篇在羊祜後

渾之言天下之至言也帝不能用而用王佑之計使太子母弟秦王柬都督關中楚王瑋淮南王允並鎮守要害以強帝室然晉室之亂實成於八王吾嘗籌之如攸之親賢奪嫡之禍非其志也不幸至此天下所宗宗社之計猶有賴也如佑之計使子弟據兵以捍外患如梁孝王之禦吳楚尚可若變從中起而使人人握兵以救內難此與何進袁紹召丁原董卓以除宦官何異古人有言擇福莫若重擇禍莫若輕如武帝之擇禍福可謂不審矣

王衍第二十七

聖人之所以御物者三道一也禮二也刑三也易曰形而上者謂

之道形而下者謂之器禮與刑皆器也孔子生於周末內與門弟子言外與諸侯大夫言言及於道者蓋寡也非不能言謂道之不可以輕授人也蓋嘗言之矣曰參乎吾道一以貫之夫道以無爲體而入於群有在仁而非仁在義而非義在禮而非禮在智而非智惟其非形器也故目不可以視而見耳不可以聽而知惟君子得之於心以之御物應變無方而不失其正則所謂時中也小人不知而竊其名與物相遇輒捐理而徇欲則所謂無忌憚也故孔子不以道語人其所以語人者必以禮禮者器也而孔子必以教人非吝之也蓋曰君子上達小人下達君子由禮以達其道而小人

由禮以達其器由禮以達道則自得而不眩由禮以達器則有守而不狂此孔子之所以寡言道而言禮也若其下者視之以禮而不格然後待之以刑辟三者具而聖人之所以御物者盡矣三代已遠漢之儒者雖不聞道而猶能守禮故在朝廷則危言在鄉黨則危行皆不失其正至魏武始好法術而天下貴刑名魏文始慕通達而天下賤守節相乘不已而虛無放蕩之論盈於朝野何晏鄧颺導其源阮籍父子漲其流而王衍兄弟卒以亂天下要其終皆以濟邪佞成淫欲惡禮法之繩其姦也故蔑棄禮法而以道自命天下小人便之君臣奢縱於上男女淫泆於下風俗大壞至於

中原爲墟而不悟王導謝安江東之賢臣也王導無禮於成帝而不知懼謝安作樂於期喪而不受敎則廢禮慕道之俗然矣東晉以來天下學者分而爲南北南方簡約得其精華北方深蕪窮其枝葉至唐始以義疏通南北之異雖未聞聖人之大道而形器之說備矣上自郊廟朝廷之儀下至冠婚喪祭之法何所不取於此然以其不言道也故學者小之於是捨之而求道冥冥而不可得也則至於禮樂度數之間字書形聲之際無不指以爲道之極然反而察其所以施於世者內則讒訣以求進外則聚斂以求售廢端良聚苟合杜忠言之門闢邪說之路而皆以詩書文飾其僞要

之與王衍無異嗚呼世無孔孟使楊墨塞路而莫之闢吾則罪人爾矣

蘇文定公後集卷第九

中原爲後術系也土詩書文物東南之賢倡則於是乎[illegible]

有佛儒周然程朱於中州而元虞集胡程爲應募遂之徒燕趙義氣來者

則天下學者分爲南北方偶有得其精者北方學者[illegible]

程朱之學者以爲南北之界亦未聞聖人之大道而并論之

[illegible]者足以有[illegible]可所不取於是[illegible]

此篇在王衍前

羊祜第二十六

善爲國者必度其君可與共患難可與同安樂而後有爲故功成
而無後憂晉厲公與楚共王爭鄭晉人知楚有可乘之隙欒武子
爲政欲出兵擊之曰不可以當吾世而失諸侯范文子不欲請釋
楚以爲外懼武子不能用夫文子非苟自安者也厲公侈而多嬖
寵諸大夫富而陵上國有大功則君臣不相安亂之所自生也旣
謀之不從出而遇楚猶欲避楚而歸旣勝反國曰亂將作矣吾不
可以侯使其祝宗祈死逾年而厲公殺三郤立胥童欒書殺胥童
弑厲公文子雖死而免於大難子孫與晉國相終始范蠡事越王

勾踐反自會稽撫人民厲甲兵七年而殺吳王夫差歸未及國知越王之難與同安樂也扁舟去之卒免文種之戮若二子者可謂有先見之明矣范文子至於自殺范蠡至於逃亡而不顧何則所全者大也晉武帝既受魏禪中原富彊羣臣用命吳孫皓以淫虐失衆有亡國之釁晉人習於長江之險以爲未可取也羊祜爲襄陽守知其不能久陳可取之計武帝納之祜又進王濬杜預以成滅吳之功後世皆稱其賢吾嘗論祜巧於策吳而拙於謀晉何以言之武帝之爲人好善而不擇人苟安而無遠慮雖賢人滿朝而賈充荀勗之流以爲腹心使吳尚在相持而不敢肆雖爲賢君可

也吳亡之後荒於女色蔽於庸子疎賢臣近小人去武備崇藩國所以兆亡國之禍者不可勝數此則滅吳之所從致也孟子曰入則無法家拂士出則無敵國外患者國常亡故人常生於憂患而死於安樂祜不慮此而銳於滅吳其不若范文子遠矣或曰吳滅而晉亂此天命非人事也而羊祜何罪焉吾應之曰爲國當論人事使祜不爲滅吳之計孫皓窮凶而死吳更立君則長江未可越也吳既不亡則晉之君臣厲精不懈是吳不滅而晉不亂也不猶愈於吳滅而晉亂乎祜之將死也武帝欲使臥護諸將祜曰滅吳不須臣自行但吳平之後當勞聖慮耳推祜此言蓋亦憂在平吳

矣憂在平吳而勇於滅吳其不若范文子遠矣

欒城後集卷九終

此下有目錄三行
□□王導　祖逖　符堅
宋武帝　宋文帝　梁武帝
唐高祖　唐太宗　狄仁傑

欒城後集卷之十

宋眉山蘇轍子由著　　明東吳王執禮子敬　顧天敘禮初　仝校

蘇文定公文後集卷第十

□歷代論四

□□□王導第二十八

西晉之士借通達以濟淫欲風俗既敗夷狄乘之遂喪中國相隨渡江而此風不改賢者知厭之矣而不勝其衆俗亂於下政弊於上而莫能正也東晉之不競由此故耳是時王導爲相達於爲國之體性本寬厚容衆衆人安之然生於衍澄之間不能免習俗之

累喜通而疾介能彌縫一時之闕而無百年長久之計也更二大變幾至亡國元帝之世王敦擁兵上流有無君之心劉隗刁協剛介狷淺見信於帝專以法繩公卿而深疾王氏恣横敦遂起兵以誅君側爲詞兵再犯闕幸而敦死元明既沒成帝幼弱庾亮輔政任法以裁物復失人心蘇峻擅兵歷陽多納亡命專用威刑亮知峻必爲亂以大司農召之衆人皆知不可而亮不聽遂與祖約連兵內向塗炭京邑此二釁者皆導之所不欲而隗亮不忍以速其變以隗亮爲是耶敦峻之禍發不旋踵以導爲是耶使人主終身含垢何以爲國魯自宣公政在季氏更三世至昭公不能忍將攻

之子家羈曰捨民數世求以克事不可必也公不從而出隗亮之
敗則昭公之舉也齊景公以貪暴失民田氏以寬惠得衆公問於
晏嬰求所以救之嬰曰惟禮可以已之在禮家施不及國民不遷
農不移工賈不變士不濫官不滔大夫不收公利公歎曰善哉吾
今而後知禮之可以爲國嬰曰禮之可以爲國也久矣與天地竝
晏子知之而景公不能用田氏遂代呂氏蓋大家世族爲患於其
國當若心腹之疾必與人命相持爲一攻之以毒藥劫之以鍼石
病若不去命輒隨盡非良醫賢臣未易處也子產爲鄭國小而偪
族大多寵子產患之有事伯石賂以其邑子太叔曰國皆其國也

何獨賂焉子產曰無欲實難皆得其欲以從其事而要其成非我有成其在人乎邑將焉往子太叔曰若四國何子產曰非相違也而相從也四國何尤鄭書有之曰安定國家必大焉先姑先安大以待所歸既伯石懼而歸邑卒以予之又使爲卿以次已位鄭乃少安及其久而政成大夫之忠儉者從而予之泰侈者因而斃之逐豐卷殺子晳鄭乃大治如導所爲知賂伯石以全其始矣未知予忠儉斃泰侈以成其終也以爲賢於隗亮則可以論晏子子產則遠甚

苻堅第三十

此篇在祖逖後

苻堅王猛君臣相得以成伯功雖齊桓管仲不能過也猛之將死也堅問以後事猛曰晉雖僻處吳越然正朔相承親仁善鄰國之寶也臣沒之後願勿以晉爲圖鮮卑羌虜我之仇讐終爲人患宜漸除之以寧社稷言終而死堅不能用卒大舉伐晉敗於淝上歸未及國而慕容垂叛之旣反國而姚萇叛之地分身死終斃於二人之手故後世皆多猛之賢而咎堅之不明吾嘗論之堅雖有伯者之略而懷無厭之心以天下不一爲深恥雖滅燕定蜀并秦凉下西域而其貪未已兵革歲克而不知懼也晉雖微弱謝安桓冲爲之將相君臣相安民未患晉而欲以力取之稽之天道論之人

情雖內無垂萇之釁而堅之敗必不免矣然堅以夷狄之餘而有帝王之度其滅慕容姚萇也收二姓之子弟錄其才能而官使之布滿中外凡其舊臣無不疑者若以世俗言之則以漸除之如猛之計得矣若以帝王之事言之則堅之意未必過也大雅之稱文王曰殷之子孫其麗不億上帝既命侯于周服侯服于周天命靡常殷士膚敏祼將于京厥作祼將常服黼冔文王用人其廣如此而堅何尤焉德雖不若文王而竊慕焉顧其所以處之何如耳文武既沒周公成王之際殷之遺孽猶與管蔡間周之隙曰予復反鄙我周邦故周公既克殷改封微子于宋而遷其頑民于洛邑保

釐東郊作多士而撫寧之所以慮其變者至矣至君陳畢公皆迭居成周而董師之故康王之命畢公曰周公毖殷頑民遷于洛邑密邇王室式化厥訓旣歷三紀世變風移四方無虞予一人以寧然猶曰邦之安危惟茲殷士由此觀之文王之用殷人豈苟然而已哉今堅畜養豺虎于其腹心而貪功務勝不顧其後宜其釁於垂甍也哉使堅信猛之策南結鄰好戢兵保境與民休息雖有垂甍百人安能動之文王雖未可覬然亦非王猛之所及矣

祖逖第二十九

敵國相圖必釁于彼已將強敵弱則利于進取將弱敵強則利於自守違此二者而求成功難矣東晉渡江以江淮為境中原雖屢有變而南兵不出出亦無功皆夷狄自相屠滅而已石勒之死也庾亮為北伐之計石虎之老也庾翼為徙鎮之役皆無成而死及苻堅之敗謝安父子乘戰勝之威冇席捲之意終以兵將奔潰無尺寸之得其後宋文自謂富強以兵挑元魏梁武志于并吞失信于高氏陳宣乘高氏之衰攘取淮南皆繼之以敗亡何者東南地溥兵脆將[illegible]命世之雄其勢固如此也方石虎之斃中原大亂晉

人皆謂北方不足復平而蔡謨獨以爲憂或問其故謨曰夫能順天奉時濟六合於草昧若非上哲必由英豪度今諸人皆不辦此必將經營分表疲人以逞才不副意徒使財殫力竭終將何所至哉吾見韓盧東郭俱斃而已矣至哉此言實當時好事者之病也自江南建國惟桓溫東討慕容西征符健兵鋒所及敵人震動及宋武破廣固陷長安所至蕩定有弔伐之風此二人者誠非常將也然桓溫終以敗衂不能成大功宋武志在禪代未能定秦狼狽而返而况其下者乎惟晉元帝初定江南未遑北伐遂言于帝曰晉室之亂非上無道而下怨叛也由藩王爭權自相誅滅遂使戎

狄乘釁毒流中原耳今遺黎既被殘酷人有奮擊之志誠能奮威命將使若逖等爲之統主郡國豪傑必有應者沉溺之士喜于來蘇庶幾國耻可雪也帝以逖爲豫州刺史使進屯淮陰逖兵力甚弱乃鑄造兵器招合離散稍誅鉏叛涣復進據譙然未嘗爲深入計也石勒遣兵攻逖逖輒就破其衆每於兵間勤身節用禮下賢俊懷撫初附專以恩信接人不尚詐力故人爭爲之用自黄河以南盡爲晉土雖石勒之强不敢以兵窺其境逖毋葬成臯勒使人脩其墓復遣使通好且求互市逖不答其使而許互市通南北之貨多獲其利方將經畧河北而帝使戴若思擁節直據其上逖怏

怏不得志死蓋敵強蔣弱能知自守之爲利者唯遜一人夫惟知自守之爲進取而後可以言進取也哉

宋武帝第三十一

東漢之衰曹公始踐五伯之迹挾天子以令諸侯其志本欲盡掃羣雄而後取漢耳既滅二袁呂布劉表欲遂取江東而不克既破馬超韓遂欲并舉巴蜀而不果再屈於吳蜀而公亦老矣於是董昭進九錫之議皤然聽之而桓文之業至此盡矣然方是時公在河朔而漢都許昌雖使主盟諸夏而不廢舊君上可以爲周文王下亦不失爲桓文公不能忍而甘心王莽九錫之事此荀文若之所以爲恨也至司馬仲達父子其勢蓋與公異矣擁兵天子之側固已不順既殺王凌害諸葛誕非人臣矣又降劉禪服曹氏之所

不能服非貪其土地而利其人民也志亦在九錫耳雖欲復爲桓文尚可得乎宋武既誅桓氏收遺晉而封植之又克譙縱執慕容超逐盧循擒姚泓立四大功天下莫能抗然其志不在桓文而在九錫亦已卑矣方帝之克長安也中原震恐元魏雖姚氏之昏姻而不敢救羌氏雖關中之唇齒而不敢爭此其智力有餘足以有爲之時也若能因其兵勢據秦隴之形勝引吳越之饒富以經畧中夏成曹公河朔之勢則王伯之功可冀顧所以用之何如耳然其兵未入秦而使傅亮南走建業發九錫之議劉穆之死南方無復可託雖已入秦而無留秦之意舉千里之地付一孺子而去赫

運動劬乘之兵將死者過半狼狽而反僅乃得脫以帝之明非不知諸將之不足以保秦而志有所在不暇它慮矣悲夫以目前之利而弃百世之功有曹公劉平之業而俯從司馬炎之于攘竊之陋此君子之所進退也孔子曰知及之仁不能守之雖得之必失之知及之仁能守之不莊以涖之則民不敬知及之仁能守之莊以涖之勳之不以禮未善也古之爲國必具此四者而後能成大功如武帝之用兵無敵於天下可以言智矣至其弃秦而歸以求九錫之淫名曾何以爲仁乎惟其仁智不具故其功業止於是也

宋文帝第三十二

晉獻公殺其世子申生而立奚齊國人不順其大夫里克殺奚齊卓子而納惠公春秋皆以弑君書之矣惠公旣立而殺里克以弑君之罪罪之春秋書曰晉殺其大夫里克稱人以殺殺有罪也稱國以殺殺無罪也里克弑君而以無罪書此春秋之微意也奚齊卓子之立以淫破義雖已爲君而晉人不君也旣已爲君則君臣之名正故里克爲弑君而國人之所不君則勢必不免里克因國人之所欲廢而廢之因國人之所欲立而立之則里克之罪與宋華督齊崔杼異矣雖使上有明天子下有賢方伯里克之罪猶可議也惠公以弑得立而歸罪於克以自說於諸侯其義有不可矣然惠公殺克而背內外之賂國人惡之敵人怨之兵敗於秦身死

而于滅至其謀臣口甥郤稱蕃皆以兵死蓋皆理而傷義非獨
人之所不予而天亦不予也宋武帝之亡也詔國於徐羨之傅亮
謝晦少帝失德三人議將廢之而其弟義真亦以輕動不任社稷
乃先廢義真而後廢帝凡弟皆不得其死乃迎立文帝文帝既立
三人竊懼羨之亮內秉朝政晦出據上流爲自安之計自謂廢狂
亂以安社稷不以賊遺君父無負於國矣然文帝藩國舊人王華
孔甯子王曇首皆從上好進之人也惡羨之亮據其逕路毋以弒
逆之禍激怒文帝帝遂決意誅之三人既死君臣自謂不世之功
也是時甯子已死華與曇首皆受不次封賞文帝在位三十年其

治江左稱首然元嘉三年始誅三人是歲皇子劭生劭旣壯而爲商臣之亂華甯之子孫無聞於世而曇首之子僧綽以才能任事亦并死於劭於乎天之報人不遠如此不然晉惠公宋文帝禍發若合符契何哉謝晦將之荊州自疑不免以問蔡廓廓曰卿受先帝顧命任以社稷廢昏立明義無不可但殺人二昆而以北面挾震主之威據上流之重以古推今自免爲難耳善夫蔡廓之言不學春秋而意與之合太史公有言爲國者不可以不知春秋前有讒而不見後有賊而不知守經事而不知其宜遭變事而不知其權爲人君父而不通春秋之義者必蒙首惡之名爲人臣子而不

通春秋之義者必陷簒弑之誅其意皆以善爲之而不知其義是以被之空言而不敢辭宋之君臣誠略通春秋則文帝必無憲公之禍徐傅謝三人必不受里克之誅悲夫

梁武帝第三十三

易曰形而上者謂之道形而下者謂之器五帝三王以形器治天下導之以禮樂齊之以政刑道行於其間而民莫知也文武之後雖召公畢公之賢君子不以爲知道者至春秋之際管仲晏子子産叔向之徒以仁義忠信成功於天下然其於道則已遠矣孔子出於周末收文武之遺而得堯舜之極其稱曰君子上達小人

下達嘗自謂我下學而上達者於其門人惟顏子曾子庶幾以道
許之一時賢者若老子之明道其所以尊之者至矣史稱孔子既
見老子退謂弟子曰鳥吾知其能飛魚吾知其能游獸吾知其能
走走者可以爲罔游者可以爲綸飛者可以爲矰至於龍吾不能
知其乘雲氣而上天吾今日見老子其猶龍邪老子體道而不嬰
於物孔子至以龍比之然卒不與其斯世也捨禮樂政刑而欲行
道於世孔子固知其難哉東漢以來佛法始入中國其道與老子
相出入皆易所謂形而上者而漢世士大夫不能明也魏晉以後
略知之矣好之篤者則欲施之於世疾之深者則欲絶之於世二

美误

者皆非也老佛之教與吾道同而欲絕之老佛之教與吾教異而欲行之皆失之矣秦姚興區區一隅招延緇素譯經談妙至者凡數千人而姚氏之亡曾不旋踵梁武繼之江南佛事前世所未嘗見至捨身爲奴隸郊廟之祭不薦毛血父子皆陷於侯景而國隨以亡議者觀秦梁之敗則以佛法爲不足賴矣後魏太武深信崔浩浩不信佛法勸帝斥去僧徒毀經壞寺旣滅佛法而浩亦以非罪赤族唐武宗欲求長生徇道士之私夷佛滅僧不期年而以弒崩議者觀魏唐之禍則以佛法爲不可廢矣二者皆見其一偏耳老佛之道非一人之私說也自有天地而有是道矣古之君子以

之治氣養心其高不可嬰其潔不可溷天地神人皆將望而敬之聖人之所以不疾而速不行而至者一用此道也老子曰天得一以清地得一以寧神得一以靈谷得一以盈萬物得一以生侯王得一以爲天下貞天無以清將恐裂地無以寧將恐發神無以靈將恐歇谷無以盈將恐竭萬物無以生將恐絶侯王無以貴高將恐蹷道之於物無所不在而何可非乎雖然蔑君臣廢父子而以行道於世其弊必有不可勝言者誠以形器治天下導之以禮樂齊之以政刑道行於其間而民不知萬物並育而不相害道並行而不相悖泯然不見其際而天下化不亦周孔之遺意也哉

唐高祖第三十四

唐高祖起太原其謀發於太宗諸子不與也及克長安誅鉏羣盜天下為一其功亦出於太宗蓋天心之所付予人心之所歸向其在太宗者審矣至立太子高祖以長立建成建成當之不辭於是兄弟疑間卒至大亂夫建成不足言也其咎在高祖其後武氏之亂廢中宗立睿宗以睿宗長子憲為太子矣及中宗之復睿宗又子皆以王就第韋氏之亂臨淄以兵入討睿宗踐祚而貴主復妄又將以長立憲憲辭曰時平先長嫡國亂先有功不如此必且有難敢以死請睿宗從之而後臨淄之位定以太宗之賢而不免於

誤作長

誤作爲

爭奪玄宗之賢不遜太宗而晏然受命則憲之讓賢於人遠矣吾嘗論之高祖睿宗皆中主也其欲立長非專其私也以爲立嫡以長古今之正義也謂之正義而不敢違胡不考之前世乎太王捨太伯仲雍而立季歷文王捨伯邑考而立武王而周以之興誠天命之所在而吾無心焉亂何自生雖然太伯奔吳以避王亦畏亂故爾廢長而立少雖聖賢猶難之憲與玄宗兄弟相安終身無間言焉蓋古今一人而已乎

唐太宗第三十五

唐太宗之賢自西漢以來一人而已任賢使能將相莫非其人恭儉節用天下幾至刑措自三代已下未見其比也然傳子至孫遭武氏之亂子孫爲戮不絕如綫後世推原其故而不得以吾觀之惜夫其未聞大道也哉昔楚昭王有疾卜之曰河爲祟大夫請祭諸郊王曰三代命祀祭不越望江漢睢漳楚之望也禍福之至不是過也不穀雖不德河非所獲罪也遂弗祭及將死有雲如衆赤鳥夾日以飛三日王使問周史史曰其當王身乎若禜之可移於令尹司馬王曰除腹心之疾而寘諸股肱何益不穀不有大過天

其天諸有罪受罰又焉移之亦弗禜孔子聞之曰楚昭王知大道矣其不失國也宜哉吾觀太宗所爲其不知道者衆矣其能免乎貞觀之間天下既平征伐四夷滅突厥夷高昌殘吐谷渾兵出四克務勝而不知止最後親征高麗大臣力爭不從僅而克之其賢於隋氏者幸一勝耳而帝安爲之原其意亦欲夸當世高後世耳太子承乾既立十餘年復寵魏王泰使兄弟相傾承乾既廢晉王嫡子也欲立泰而使異日傳位晉王疑不能決至引佩刀自刺大臣救之而止父子之間以愛故輕予奪至於如此帝嘗得祕讖言唐後必中微有女武代王以問李淳風欲求而殺之淳風曰其兆

既已成在宮中矣天之所命不可去也徒使疑似之戮淫及無辜且自今已往四十年其人已老老則仁雖受終易姓必不能絕李氏若殺之復生壯者多殺而逞則子孫無遺類矣帝用其言而止然猶以疑似殺李君羨夫天命之不可易惟脩德或能已之而帝欲以殺人弭之難哉帝之老也將擇大臣以輔少主李勣起於布衣忠力勁果有節俠之氣嘗事李密友單雄信密敗不忍以其地求利密死不廢舊君之禮雄信將戮以股肉啗之使與俱死帝以是爲可用疾革謂高宗爾於勣無恩今以事出之我死卽授以僕射高宗從之及廢皇后立武昭儀召勣與長孫無忌褚遂良計之

勣稱疾不至帝曰皇后無子罪莫大於絕嗣將廢之遂良等不可他日勣見帝曰將立昭儀而顧命大臣皆以爲不可今止矣勣曰此陛下家事不須問外人由此廢立之議遂定勣匹夫之俠也以死徇人不以爲難至於禮義之重社稷所由安危勣不知也而帝以爲可以屬幼孤寄天下過矣且使勣信賢託國於父竭忠力以報其子可矣何至父逐之子復之而後可哉挾數以待臣下於義既已薄矣凡此皆不知道之過也苟不知道則凡所施於世必有逆天理失人心而不自知者故楚昭王惟知大道雖失國而必復太宗惟不知道雖天下既安且治而幾至於絕滅孔子之所以觀

國初如此

歟衛嗣君不[illegible]告曰[illegible]事[illegible]大於絕嗣辭[illegible]之遂因[illegible]不可
也衛[illegible]皆可[illegible]而命大臣皆以爲不可今也[illegible]勸
此豈下[illegible]事有[illegible]人由此廢立之議遂定勸臣大之[illegible]也以
[illegible]得人不以爲[illegible]至於禮義之[illegible]社稷所[illegible]安[illegible]動不可知也而爲
以爲可以爲[illegible]孤寄天下過矣且使勸信賢[illegible]國於父[illegible]忠方以
教其[illegible]可[illegible]何[illegible]孝[illegible]之子復之而後可以[illegible]其教[illegible]末[illegible]者
既已薄矣凡此皆不知道之過也苟不知道則凡所施於世必有
迺天理失人心而不自知者[illegible]聖[illegible]惟知大道雖天下固[illegible]
圖者啟此知道雖天下既安且治而幾至於絕滅孔子之所以[illegible]

題目接前篇

狄仁傑論第三十六

毋后臨朝據人君之地而私其親有志之士將欲正之常患不克漢呂后欲王諸呂王陵以高帝舊約爭之曰非劉氏而王天下共擊之背之不可言雖直不見省陵幸而不死亦廢不用唐武后廢廬陵王立豫王豫王雖在位未嘗省天下事徐敬業爲之起兵於外裴炎爭之於內皆不旋踵爲戮何者位尊權重臣下無所柰何勢必至此也惠帝之亡也陳平聽張辟彊計封王諸呂呂后安之故平與周勃得執將相之柄以伺其間後復聽陸賈交歡周勃將相之權不分故周勃得入北軍左袒一呼而呂氏以亡豫王既立

武后革命稱帝追尊祖考封王子弟戕殺天下豪俊志得氣滿以爲武氏有泰山之安矣狄仁傑雖爲宰相而未嘗一言及后欲以三思爲太子訪之大臣仁傑乃曰臣觀天人未厭唐德頃匈奴犯邊陛下使三思募士逾月不及千人及使廬陵王不浹旬得五萬人今欲立嗣非廬陵不可后怒罷議久之復召問曰朕數夢雙陸不勝何也對曰雙陸不勝無子也意者天以此儆陛下耶文皇帝身蹈鋒刃百戰以有天下傳之子孫先帝寢疾詔陛下監國陛下掩神器而取之十餘年矣又欲以三思爲後且母子與姑姪孰親陛下立廬陵王則千秋萬歲血食於太廟三思立廟無祔姑之禮

脫王字

仍以有二字為是

后感悟即日遣徐彦伯迎廬陵王於房州而立之蓋王陵裴炎迎禍亂之鋒欲以一言折之故不廢則死陳平狄仁傑待其已衰而徐正之故身與國俱全惟呂后無子親止於姪故没身而後變武后有子母子之愛人情之所同故老而自復由此觀之陳狄之所以成功者皆以緩得之也然廬陵既立而張易之昌宗未去仁傑猶置之不問復授之張柬之俟其惡稔而後取豈以禍亂之根生於母子之間不如是則必至於毀傷故耶老氏有言將欲翕之必固張之將欲弱之必固彊之將欲廢之必固興之將欲奪之必固與之是謂微明柔勝剛弱勝強魚不可以脫於淵國之利器不可

以示八二人得之矣

謝枋得集卷之十終

欒城後集卷之十一

宋眉山蘇轍子由著　　明東吳王執禮子敬　顧天叙禮初　仝校

歷代論五

唐玄宗憲宗

唐元宗憲宗皆中興之主也玄宗繼中睿之亂政紊於內而外無藩鎮分裂之患納已任賢而貞觀之治可復也憲宗承代德之弊政󠄂債於朝而畿甸之外皆爲畔國將以求治則其勢尤難雖然二君皆善其始而不善其終所以失之者一道也齊桓公用管仲隰

蘇　第三十七

此下有目録五行
□□唐玄宗憲宗　姚崇
宇文融　陸贄
牛李　郭崇韜
馮道　兵民
燕蓟

明九合諸侯一匡天下爲五伯首及管仲死用豎刁易牙身死不得葬五公子爭立伯業隨毁蓋中人可以上下此三君者皆中主耳方其起於憂患厄困之中知賢人之可任以排難則勉強而從之然非其所安也及其禍難既平國家無事則其心之所安者佚樂所悅者諛佞也故禍發皆不旋踵若合符節昔太宗既平天下始任房玄齡杜如晦魏徵終用長孫無忌岑文本褚遂良帝亦恭儉節用去冗官節浮費內無宮掖侈靡之奉旁無近幸賜予之失貞觀之治斯已過半矣持書御史權萬紀嘗言宣饒部中鑿山冶銀歲可取數百萬緡以佐國用帝怒罵曰吾所乏忠言嘉謨有益

於民者耳汝為御史不能進賢退不肖而詐吾以利豈謂我漢桓靈耶斥去不用於是士莫敢以利言者故房杜諸人得効其忠力以致貞觀之盛及玄宗初用姚崇宋璟盧懷慎蘇頲後用張說源乾曜張九齡憲宗初用杜黃裳李吉甫裴垍裴度李絳後用韋貫之崔羣雖未足以方駕房杜然皆一時名臣也故開元元和之初其治庶幾於貞觀然玄宗方用宋璟而宇文融以括田幸進至宰相後雖以公議罷去而思之不已謂宰相曰公等暴融惡朕已罪之矣然國用不足將奈何裴光庭等不能答融既死而言利者爭進韋堅楊慎矜王鉷日以益甚至楊國忠而聚斂極矣故天寶之

亂海內分裂不可復合憲宗方平淮蔡裴度未及還朝而程异皇甫鎛皆以利進度三上書極論不可帝以天下略平欲崇臺池宮觀以自娛樂异鎛揣知其意數貢羨財以順所欲故度卒逐去而异鎛皆相不三年而禍發於宦官蓋玄宗在位歲久聚斂之害遍於天下故天下遂分憲宗之世其害未究故禍止於其身然方鎮之強宦官之橫遂與唐相終始可不哀哉嗚呼太宗之恭儉所忍無幾耳而福至於不可勝盡玄憲之淫佚所獲無幾耳而禍至於不可勝言而世主終莫之悟覆車相尋不絕於世蓋未之思歟

姚崇第三十八

唐史官稱姚崇善應變以成天下之務宋璟善守文以持天下之正斯言固二人之所長也然應變者要不失正而後可孟子有言所惡於智者為其鑿也如智者若禹之行水則無惡於智矣禹之行水也行其所無事也如智者亦行其所無事則智亦大矣唐玄宗豪俊之君也而崇復以豪俊事之方其君臣遇合天下事迎刃而解若無足為者雖然以水濟水後將有不可食者開元四年天下大蝗民祭且拜之坐視食苗而不敢捕崇奏遣御史為捕蝗使分道殺蝗羣臣多不以為然帝亦疑之而崇行之愈力蝗亦為息捕蝗雖古之遺法然遇災而懼修德以答天變古之正道也豈宜

之不言而專以捕爲事已可疑矣既而崇所親吏趙誨以賍死崇懼還政時帝將幸東都而太廟屋壞宰相宋璟蘇頲皆言三年喪未終不可巡幸壞壓之變天戒也請罷東巡修德以答至譴帝以問崇崇曰此苻堅故殿也山有朽壞而崩水蠹而折理無足怪但壞與行會非緣行而壞也今關中無年餽餉勞弊出幸東都所以爲人非爲已也百司已戒供擬已具請車駕卽東而遷神主太極殿更作新廟此大孝也帝用其言崇由此復相開元末帝在東都欲還長安裴耀卿等皆言農人塲圃未畢須冬可還李林甫獨曰二都本東西宮耳車駕往來何所待時假令妨農獨赦所過租賦

可也帝大悅卽駕而西崇建東幸之計林甫獻西還之議其意同耳孰謂崇獨賢乎從崇之議使人君上不畏天戒中不敬宗廟下不卹人言三者皆忠臣之所諱而崇居之不疑何哉其後崇璟既沒玄宗愈老愈輕蔑羣臣方任張九齡而廢太子瑛用牛仙客則聽李林甫方嬖楊國忠而縱安祿山則用輔璆琳專以適已爲悅類崇有以啓之也故吾謂開元之治雖出於崇而天寶之亂亦崇之所自致此人臣之至戒也

宇文融第三十九

開元之初天下始脫中睿之亂玄宗厲精政事姚崇宋璟彌縫其

闕而損其過庶幾貞觀之治安在易曰天下雷行物與無妄開元之
初無妄之世也無妄之爲言無一不正之謂也君子之處此也亦
全其大正而略其小不正而已盡詳其小必廢其大古語有之銖
銖而稱之至石必差寸而量之至丈必過石稱丈量徑而寡失
故無妄之二曰不耕穫不菑畬則利有攸往其三曰無妄之災或
繫之牛行人之得邑人之災其五曰無妄之疾勿藥有喜夫必耕
而後穫必菑而後畬小人之所謂無妄也而君子不然於義可穫
不必其所耕也於道可畬不必其所菑也然後無所不行今有失
牛於此得之者行人也而責得於邑人其意亦以求無妄也而邑

人罹其横故無妄之疾雖勿藥可也藥之其損或有甚於病者開元之初雖號富庶而戸口未嘗升降監察御史宇文融得其隙而論之請治籍外羨田逃戸命攝御史分行括實玄宗喜之朝臣莫敢言其非者惟陽翟尉皇甫憬戸部侍郎楊瑒以爲籍外取税百姓困弊得不償失而二人皆坐左遷諸道所括凡得客戸八十餘萬田亦稱是然州縣希旨多張虚數以正田爲羨編戸爲客歲終籍錢數百萬緡其名似是而實失民心淺言之則失在求詳深言之則失在貪利時帝方以耳目之奉責得於人行之不疑於是羣臣爭爲聚斂以迎侈心天寶之亂實始於此吾觀近世士大夫多

有此病賢者不忍天下有小不平而欲平之小人僥倖其利以爲進取之計故天下每每多弊宰相李沆近世之賢相也嘗言吾在朝廷十有餘年無功可紀惟四方之言利者未嘗有一施行持此聊以報國古之善言醫者患醫之難以爲有病不服藥常得中醫蓋良醫不可必得而愚醫舉目皆是愚醫類能殺人而不服藥者未必死李公之言蓋類此也

牛李第四十一

唐自憲宗以來士大夫黨附牛李好惡不本於義而從人以喜愠雖一時公卿將相未有傑然自立者也牛黨出於僧孺李黨出於

德裕二人雖黨人之首然其實則當世之偉人也蓋僧孺以德量
高而德裕以才氣勝德與才不同雖古人鮮能兼之者使二人各
任其所長而不爲黨則唐末之賢相也僧孺相文宗幽州楊志誠
逐其將李載義帝召問計策僧孺曰是不足爲朝廷憂也范陽自
安史後不復係國家休戚前日劉總納土朝廷糜費且百萬終不
能得升粟尺布以實天府俄復失之今志誠猶向載義也第付以
節使捍奚契丹彼且自力不足以逆順治也帝曰吾初不計此公
言是也因遣使慰撫之及武宗世陳行泰殺史元忠張絳復殺行
泰以求帥德裕以爲河朔命帥失在太速使姦臣得計遷延久之

擢用張仲武而絳自斃僧孺以無事爲安而德裕以制勝爲得此固二人之所以異較之德裕則優矣德裕節度劒南西川吐蕃將悉怛謀以維州降維州西南要地也是時方與吐蕃和親僧孺不可曰吐蕃綿地萬里失一維州不害其强今方議和好而自違之中國禦戎守信爲上應變次之彼若來責失信贊普牧馬蔚茹川東襲汧隴不三日至咸陽雖得百維州何益帝從之使德裕反降者吐蕃族誅之德裕深以爲恨雖議者亦不直僧孺然吐蕃自是不爲邊患幾終唐世則僧孺之言非爲私也帝方用李訓鄭注欲求奇功一日延英謂宰相公等亦有意於太平乎何道致之僧孺

曰臣待罪宰相不能康濟天下然太平亦無象今四夷不內侵百姓安生業私室無強家上不壅蔽下不怨讟雖未及全盛亦足為治矣而更求太平非臣所及也退謂諸宰相上責成如此吾可久處此耶既罷未久李訓為甘露之事幾至亡國帝初欲以訓為諫官德裕固爭言訓小人咎惡已著決不可用德裕亦以此罷去二人所趣不同及其臨訓注事所守若出於一人吾以是知其皆偉人也然德裕代僧孺於淮南詳其乾沒府錢四十萬緡賀之非實及在朱崖作窮愁志論周秦行紀言僧孺有僭逆意恠然小丈夫之心老而不衰也始僧孺南遷於循老而獲歸二十餘年後皆為

取鄭不十日而克梁咸盡諸國五代用兵未有神速若此者也然

其禍如此矣唐莊宗勇而善戰與梁人夾河相攻十戰九勝遂渡河

之可攻而忘齊國之既病燕師乘之遂以失國自古言釁以攻人

而棄疾攻之若升虛邑靈王遂死於外齊湣王貪而好勝卻楚宋

則我與敵皆釁楚靈王殘民以逞桀用愚亂之民以伐民是不可動

國無釁而後可以伐人言釁以伐人敵無釁則已乂其從之敵有釁

郭崇韜第四十二

餘固天之所不予耶

名卿德裕沒於朱虔子孫無聞後世深悲其窮當德不足而才有

其克敵之後幸一日之安沉湎聲色之嬖宦官伶人交亂其政府庫之積罄於耳目之奉民怨兵怒國有土崩之勢而不知也一時功臣皆武夫偃起未有識安危之機者惟樞密使郭崇韜智勇兼人知其不可力言而不見聽求去而不見許中外倿倖視之仄目崇韜深病之矣時方欲伐蜀崇韜欲立大功爲自安之計議以魏王繼岌爲元帥而已爲之副將兵六萬以出兵不逾時而克成都降王衍料敵制勝之功可謂盛矣然崇韜知蜀之易與而不知唐之已亂挈其良將勁兵西行數千里雖立大功而不免讒死于蜀征蜀之兵未還而趙在禮爲亂河朔明宗北征遂與在禮皆反師

兵南向克汴入洛遂無一人能禦之者向使西師不出蜀雖未下
而京師有重兵崇韜不死河朔叛臣心有所畏不敢妄動則莊宗
不亡崇韜不死禍福未可知也嗟乎崇韜冒釁以伐人蹈齊湣之
禍而以爲安惜其有智而未始學也

馮道第四十三

馮道以宰相事四姓九君議者譏其反君事讐無士君子之操大
義既虧雖有善不錄也吾覽其行事而竊悲之求之古人猶有可
得言者齊桓公殺公子糾召忽死之管仲不死又從而相之子貢
以爲不仁問之孔子孔子曰管仲相桓公霸諸侯一匡天下民到

于今受其賜微管仲吾其被髮左衽矣豈若匹夫匹婦之爲諒也自經於溝瀆而莫之知也管仲之相桓公孔子旣許之矣道之所以不得附於管子者無其功耳晏嬰與崔杼俱事齊莊公杼弑公而立景公晏子立於崔氏之門外其人曰死乎曰獨吾君也乎吾死也曰行乎曰吾罪也乎吾亡也曰歸乎曰君死安歸君民者豈以陵民社稷是主臣君者豈爲其口實社稷是養故君爲社稷死則死之爲社稷亡則亡之若爲己死而爲己亡非其私暱誰敢任之且人有君而弑之吾焉得死之而焉得亡之將庸何歸門啓而入枕尸股而哭興三踊而出卒事景公雖無管子之功而從容風

議有補於齊君子以名臣許之使道自附於晏子庶幾無甚愧也
蓋道事唐明宗始爲宰相其後歷事八君方其廢興之際或在内
或在外雖爲宰相而權不在己禍變之發皆非其過也明宗雖出
於夷狄而性本寬厚道每以恭儉勸之在位十年民以少安契丹
滅晉耶律德光見道問曰天下百姓如何救得道顧夷狄不可曉
以莊語乃曰今時雖使佛出亦救不得惟皇帝救得德光喜乃罷
殺戮中國之人賴焉周太祖以兵犯京師隱帝已没太祖謂漢大
臣必相推戴及見道道待之如平日太祖常拜道是日亦拜道受
之不辭太祖意沮知漢未可代乃立湘陰公爲漢嗣而使道逆之

於徐道曰是事信否吾平生不妄語公毋使我爲妄語人太祖爲誓甚苦道行未返而周代漢篡奪之際雖責以無所致其勇而道以拜跪談笑却之非盛德何以致此而議者黜之曾不少借甚矣士生於五代立於暴君驕將之間日與虎兕爲伍棄之而去食薇蕨友麋鹿易耳而與自經於溝瀆何異不幸而仕於朝如馮道猶無以自免議者誠少恕哉

陸贄論 第四十

昔吾先君博觀古今議論而以陸贄為賢吾幼而讀其書其賢比
漢賈誼而詳練過之贄始以從官事唐德宗老而為宰相從之出
奔而與之反國彌縫其闕而濟其危亡比其老也功業定矣而卒
斃於裴延齡之手其故何也孔子曰人而無恒不可以作巫醫善
夫不常其德或承之羞贄以有常之德而事德宗之無常以巫醫
之明而治無常之疾是以承其羞耳帝即位之初好名而貪功河
朔三鎮父子相襲三十年矣帝將以天下之力勝之田悅驚疑而
起朱滔王武俊和之帝使馬燧李抱真李芃三將往迎其鋒勝負

之勢未決也帝急於成功復使李晟出禁衛之兵李懷光舉朔方之衆五將萃於魏郊而淮西李希烈乘間而起兵連禍結常賦所不能贍於是爲之抽貫算間假貸商賈空內以事外關中已亂而帝不知也贄曰今兩河淮西爲禍亂之首者獨四五凶人而已臣料其間必有旁遭詿誤內畜危疑而計不能止者未必皆處心積慮果於僭逆也而況脅從之黨乎陛下若能招懷以禮悔禍以誠使來者必安安者必久人知獲免則誰願復爲惡者縱有野心難馴臣知從化者必過半矣帝猶意西師可以必克忽其言不用未幾而涇原叛卒之變起倉皇避寇半年而歸帝亦老而厭兵矣於

欒撫定之功別加寵任褒將士輯睦之義例賜恩賞使衆知保安
衣食於中其有捐軀與之同惡乎今若選命賢將降詔軍中獎勵
將固非其同謀也一城士衆亦未必皆其黨也力成敗逆順之勢
徒輒得其處則四方諸將無復安者矣且萬欒搆亂之日諸郡守
不可何者方鎮之臣事多專制欲加之罪誰無詞者若使傾奪之
之惡萬欒棄而遣之可也討而逐之可也惟何隙而徐取其位則
衆其將李萬欒因其出戰閉門逐之帝將命以其位贄曰如士寧
者皆就命留後雖以欲奪請命者亦如之言武劉士寧以暴慢失
是行一切之政尋以姑息涵蓄滌瑕凡節度使死將佐之得士心

則誰肎復助其亂萬榮縱欲跋扈勢亦無所至矣帝方苟安無事竟亦不許由此觀之帝常持無常之心故前勇而後怯贊常持有常之心故勇怯各得其當然其君臣之間異同至此雖欲上下相保不可得矣會昌中盧龍諸將連害帥臣最後張絳殺陳行泰宰相李德裕以爲河朔請帥皆報下太速故君得以安若稍緩之必且有變既而回鶻烏介可汗擾天德塞軍使張仲武請以本軍擊之德裕問知仲武可用言之武宗擧以爲帥張絳既爲其下所殺而仲武遂以功名終德裕之謀則贊之故智也然帝之出也以陳京趙贊而贊之逐也以程异裴延齡其禍皆出於聚斂之臣贊之

賢非不知也帝歸自興元贄因事言曰齊桓公自莒入齊伯業既成而管仲以不忘在莒爲戒衞獻公自齊還衞諸大夫逆諸境者執其手而與之言逆於門者頷之而已戒心之易忘而驕心之易生齊衞之君陛下之蓍龜也贄言雖切而帝終不改吾以爲使贄反國而爲鴟夷子皮浮舟而去則其君臣之間超然無後患然後可以言智矣哉

兵民第四十四

事固有出於不得已而爲後世之利者分兵民一也割燕薊二也

何謂分兵民之利人生而天畀之才畀之才則付之祿隨其精粗

適其高下使食其技而資其身是未有知其所由然者也故士大夫讀詩書執射御習書計高可以治人下可以爲役而祿從之矣農工商賈服田疇通貨賄運機巧上可以雄里閭下可以養親戚而利從之矣有人於此才力過人操行凡鄙上不能爲吏下不能爲民天畀之才而無以資之嬰之以勞苦迫之以饑饉不羣起爲盜則無以求濟其欲此勢之所必至自秦漢以來天下未嘗無是患也唐衰而府衛之兵廢朝廷有禁兵藩鎭有衛兵兵民之分蓋漸於此及五代之際而黥涅之兵分布內外於是兵民判矣使民出其賦以養兵兵盡其力以衛民民有耕耨之勤而兵有征戍之

勞吏相爲用而不以相德此固分兵民之本意也至於山林之材武甲里之凶悍放蕩無著之人一隸於伍符尺籍食其粟衣其帛俛首受笞而不敢肆居則學弓劍出則效首級積歲月以取祿位有其才必得其養氣類相從凡凶人勇夫皆萃於軍中然後人人各得其歸故雖凶旱水溢天下小小不寧而盜賊不起較之漢唐之間十不三四天下陰享其利而不知其故也然儒者方且攘臂而言民兵之便民力既盡於養兵而又較版圖數丁口使之執干戈習戰陣奪其農時而齊之以鞭朴民有怨心而責其效死以報國求信其私說而不䘏後害嗚呼其亦未之思歟

燕薊第四十五

何謂割燕薊之利石晉始以燕薊之地賂契丹高祖思援兵之惠屈體以奉之雖號為創業而日不遑給出帝不勝其恥未有以待之而輕犯其怒遂以亡國是時割地之害深矣至於　本朝乃見其利　眞宗皇帝親御六師勝虜於澶淵知其有厭兵之心稍以金帛啗之虜欣然聽命歲遺使介修鄰國之好逮今百數十年而北邊之民不識干戈此漢唐之盛所未有也古者戎狄迭盛迭衰常有一族為中國之敵漢文帝待之以和親而匈奴日驕武帝御之以征伐而中原日瘠謂之天之驕子非一日也今朝廷之所

以厚之者不過於漢文帝而虜弭耳馴服則石氏之割燕薊利見於此夫熊虎之搏人得牛而止契丹據有全燕擅桑麻棗栗之饒兼玉帛子女之富重斂其人利盡北海而又益之以　朝廷給予之厚賈生所謂三表五餌兼用之矣被氈飲乳之俗而身服錦繡之華口甘麴糵之美至於茗藥橘柚無一不享犬羊之心醺然而足俛首奉約習爲禮義吾無割地之恥而獨享其利此則天意非人事也昔唐天寶之亂朔方河隴之兵起而東征吐蕃乘虛襲據郡縣唐內若藩鎮皆叛置而不問百年之間獸心猖狂無復顧忌理極而變部族內潰而唐士遺黎解辮內嚮中原未嘗血刃而壞

土自復今吾不忍塗炭生民而以皮幣犬馬結異類之驩推之天理儻亦有唐李吐蕃之變乎

蘇

欒城後集卷之十一　終